UN MOT

sur

LA CRISE ACTUELLE.

PARIS, IMPRIMERIE DE L. LEFÈVRE,
RUE GRANGE - BATELIÈRE, N. 15.

UN MOT

SUR

LA CRISE ACTUELLE,

PAR F.-D. DE-MAY.

SOMMAIRE

PRINCIPES. — SOUVERAINETÉ NATIONALE ET DROIT DIVIN. — 89. — 1814. — 1830. — REVUE DES ACTES DES CHAMBRES ET DU MINISTÈRE DU 29 JUILLET AU 9 OCTOBRE, DATE DE L'AJOURNEMENT DE LA CHAMBRE DES DÉPUTÉS. — QU'EST-CE. — GUERRE ÉTRANGÈRE. — CE QU'IL FAUT. — QU'EST-CE ENCORE.

> La révolution d'Espagne est en marche...! celle du Portugal s'organise...—Le produit de la vente de cet ouvrage sera versé dans les caisses de la COMMISSION RÉGÉNÉRATRICE du Portugal.

A PARIS,

CHEZ LEVAVASSEUR, AU PALAIS-ROYAL,

ET CHEZ LES PRINCIPAUX LIBRAIRES.

Novembre 1830.

UN MOT

SUR

LA CRISE ACTUELLE,

PAR F. D. DEMAY,

ÉTUDIANT EN DROIT.

SOMMAIRE.

Principes. — Souveraineté nationale et droit divin, — 89, 1814, 1830. — Revue des actes des chambres et du ministère du 29 juillet au 9 octobre, date de l'ajournement de la chambre des députés. — Qu'est-ce ? — Guerre étrangère. — Ce qu'il faut. — Qu'est-ce encore ?

Louis XVIII a rétabli l'absolutisme en Espagne. Les refugiés espagnols, qui ont vu les journées françaises des 27, 28 et 29 juillet, ont résolu de défaire ce qu'a fait le serviteur de la Sainte-Alliance : ils touchent la frontière, et là, s'organisent sans obstacle. Les hommes qui ont succédé aux ministres de Charles X, de sanglante mémoire, attendent lâchement l'heure où les refugiés auront épuisé leur dernier denier en achats d'armes et de bagages ; cette heure arrivée, les munitions sont saisies, et les refugiés sommés de rentrer dans l'intérieur de la France ! N'écoutant que leur intrépidité, Mina et Valdès, avec une poignée d'hommes, franchissent les Pyrénées ; mais, repoussés par des forces toutes supérieures et réglées, ils rentrent en France. L'armée de Ferdinand, qui présente cent hommes contre un des leurs, les poursuit jusque dans nos plaines et les y écrase !! — Oui, c'est sur une terre française, dans un pays qui a pour chef un ROI-CITOYEN, sous les yeux d'autorités et de régimens français, que des hommes dont tout le crime est de vouloir être libres, en s'affranchissant du joug ignoble des moines, ont été massacrés, et les prisonniers fusillés par les soldats d'un ROI AB-SOLU....!! Il y a plus : notre gouvernement a fait désarmer ce que n'avait pu atteindre la rage des satellites de l'absolutisme ! (1) a nation française, se ressouvenant de la guerre honteuse de 1823, protestera sans doute contre cette conduite toute cosaque de son gouvernement, en prêtant main-forte à la troupe de Mina et de Valdès. Fils de famille et simple élève de l'école de droit, je viens de faire vendre tout ce que je possédais, pour, le produit de la réalisation de ma fortune de jeune homme, servir au soutien de la *guerre de l'indépendance en Espagne*. QUE DES BUREAUX DE SOUSCRIPTION NATIONALE S'OUVRENT ; je suis prêt à déposer mon offrande de Français et d'homme libre. — J'ai consacré le prix de mon *Mot sur la Crise actuelle* à la cause du Portugal, qui d'ailleurs, et à mes yeux, se confond avec celle de l'Espagne.

F. D. DEMAY.

---

(1) Il y a plus encore, et ceci nous regarde : quelques habitations de nos villages ont été saccagées par les bandes de Ferdinand ! ! Les faits sont constans. Le droit des gens a été violé, la France a reçu le plus sanglant des outrages ; il lui faut une réparation solennelle, et avant tout, la mise en accusation des ministres. — Qui accusera ? La chambre des députés de Charles X ?... Qui jugera ? La chambre des pairs *héréditaires* de Louis XVIII ?... Pauvre France, à quelles mains es-tu confiée ! — Et la guerre civile ?... Et la guerre étrangère ?... Les plus coupables ne sont pas au château de Vincennes.

A PARIS,

Chez l'Auteur, rue Neuve-Saint-Augustin, n. 36 ;
Aux Écoles de Médecine et de Droit, et à la Sorbonne, chez
les concierges.

PARIS. — IMPRIMERIE DE AUGUSTE MIE, RUE JOQUELET, N° 9.

J'EN APPELLE A LA NATION,

J'EN APPELLE A LA GARDE CITOYENNE,
J'EN APPELLE A LOUIS-PHILIPPE TROMPÉ.

F.-D. DE-MAY.

[illegible]
[illegible]
[illegible]

UN MOT

LA CRISE ACTUELLE.

———

Je viens aussi, moi qui pris le fusil à l'apparution des ordonnances, et ne le quittai qu'après la victoire, dire mon mot sur la crise actuelle.

Le temps presse ; j'écris à la hâte ; je dirai mal peut-être, mais je dirai la vérité.

PRINCIPES. La souveraineté réside dans le peuple ; nul corps, nul individu ne peut exercer d'autorité qui n'en émane expressément..... En d'autres termes, point de gouvernement, s'il n'existe par et pour le peuple.

Arraché, en 1789 de l'ère dite chrétienne, de la nuit des ténèbres, où l'avaient tenu renfermé les Bourbons et leurs aïeux, de concert avec les prêtres et les nobles, ce principe incontestable de la souveraineté du peuple, alors proclamé et appliqué fut, en 1814, foulé aux pieds par ces mêmes Bourbons que rendirent à la vie politique les fautes de Napoléon.

(8)

Louis 18e du nom s'empara de la couronne d'après l'ordre établi dans l'ancienne monarchie féodale; déjà il avait remercié un prince étranger de l'avoir fait remonter sur le *trône de ses pères*, repoussé avec dédain la constitution que lui offrait le pays par ses représentans d'alors, et daté ses premiers actes DE LA 19e ANNÉE DE SON RÈGNE.

Cependant la France, la même qui avait assisté aux leçons des Rousseau, des Voltaire, et quelque peu de Montesquieu, la même qui avait fait 89, la même qui, quinze ans plus tard, venait d'arborer sur toutes les capitales de l'Europe l'étendard aux trois couleurs, la même qui, en dépit de son enthousiasme pour la gloire, laissa se briser le colosse, uniquement, parce que le colosse avait déserté la cause du peuple, CETTE FRANCE PARAISSAIT IMPLORER DU ROI LOUIS XVIII QUELQUE CONCESSION!... Le peuple français demandait humblement AU SUCCESSEUR DE NAPOLÉON la permission d'être QUELQUE CHOSE!... D'ailleurs, l'empereur de Russie avait formellement signifié que lui, Alexandre, chef de la coalition, s'opposerait à l'entrée de Louis XVIII dans la *capitale de ses états*, s'il ne la faisait précéder d'une CONCESSION.

Mais quoi! un petit fils du *grand Roi*, de Louis XIV, renoncer même à une parcelle de ses droits et prérogatives! n'être plus armé du droit divin dans toute son intégrité, de ce droit

qui confère la propriété des hommes et du sol!
Oh jamais! — Comment faire? — On fouilla
dans le passé, là on prétendit trouver qu' «en-
» core bien que l'autorité tout entière eût en
» France constamment résidé dans la personne
» du Roi, les prédécesseurs n'avaient point hésité
» à en modifier l'exercice suivant la différence
» des temps; que c'était ainsi que les communes
» avaient dû leur AFFRANCHISSEMENT à Louis-le-
» Gros, la confirmation et l'extension de leurs
» priviléges à Saint-Louis et à Philippe-Lebel;
» que l'ordre judiciaire avait été établi et déve-
» loppé par les lois de Louis XI, de Henri II et
» de Charles IX, et qu'enfin Louis XIV avait
» réglé presque toutes les parties de l'adminis-
» tration par différentes ordonnances dont RIEN
» ENCORE N'AVAIT SURPASSÉ LA SAGESSE!..» Dès-lors
l'embarras cessa, Louis-le-Gros, Saint-Louis,
Philippe-Lebel, Louis XI, Henri II, Charles IX,
et Louis XIV lui-même, le parangon de l'or-
gueil monarchique, tous ces rois de temps bar-
bares avaient bien modifié l'exercice de leur souveraineté, le Roi de la France de 1814, Louis
XVIII pouvait bien modifier l'exercice de la
sienne.

Restait à établir cette modification d'exercice
de la suprême autorité royale; nouvel embarras? — Eh non : on resta dans les siècles passés,
et leurs monumens vénérables révélèrent les principes. — Il existe une pairie.... — On la renou-

vellera! Une chambre de députés remplacera les assemblées des Champs-de-Mars et de Mai, et ces chambres du TIERS ÉTAT *qui si souvent ont donné des preuves de fidélité et* DE RESPECT *pour* L'AUTORITÉ DES ROIS..... — par-là *aura été re-nouée la chaîne des temps que de funestes écarts ont interrompue !...*

C'est aussi *à ces causes* que le 4 juin *de l'an de grâce* 1814, et de son règne le dix-neuvième, règne si fécond en hauts faits, Louis XVIII accorda, concéda et octroya A SES SUJETS, *volontairement et par le libre exercice de sa royale autorité, la Charte.... ou ordonnance de réformation !...*

Je ne relèverai pas toutes les monstruosités de la Charte, *de cet acte modificatif de l'exercice de la souveraineté en la personne du Roi;* l'édifice pèche par la base, IL ÉTAIT A DÉTRUIRE..... Au reste, tous savent que la Charte ne conférait de droits politiques qu'à soixante mille individus, sur une population de trente-trois millions de citoyens!... et quels individus? — Gens de 30 ans, payant 100 écus, et bientôt 1000 fr. d'im-pôt, souvent rien, selon que gens *étaient bien pensans !...* et quels droits politiques? — Ceux de se réunir dans une enceinte désignée par le Roi, sous la présidence d'un personnage nommé par le Roi, pour porter *leur choix* sur le candidat du Roi, sinon destitution, refus de bail, de port d'armes, de sacremens pour vous, votre femme. et vos enfans, et même d'absolution, en un mot, sous peine d'excommunication. civile et ecclésiastique, en tout état, sur gens payant au moins l'impôt de 1000 francs, *non régicides* et *bien dignes* qui, députés ou avocats du peuple, ainsi *triés, choisis,* se réunissaient à leur tour dans une enceinte, et là, attendaient qu'il plût au Roi venir leur proposer la loi qu'ils acceptaient telle qu'elle, c'est-à-dire telle que la voulait le Roi, *sous peine de retrait.*

Jamais députés ne ne se fussent avisés de refuser sérieusement le bon milliard qui, passant par mains de roi, ministres, nobles, pape, cardinaux, archevêques, évêques, jésuites, capucins et autres moines (indispensables au bonheur du genre humain) se métamorphosait en chaînes pour la *gent payante.*

Me dira-t-on que Charte consentait à ce que nation ne payât pas sans donner son avis; eh! sans doute, la Charte me confère bien quelque peu un droit que je tiens de la nature, celui de parler, mais le lendemain du jour où parut la Charte, un commentaire vint qui portait que *réprimer* signifiait *prévenir*, et dès-lors il fallut que ma pensée passât par le creuset d'un inquisiteur. La censure fut établie...! Elle n'a pas été permanente, il est vrai, mais après elle est toujours venue une prévention qui ne valait guère mieux ; ce qui est vrai, et bien vrai, c'est que si quelquefois les langes ont été relachés, jamais, sous les Bourbons, la presse n'a quitté le maillot.

Il est donc exact de dire que la Charte, qui toujours restera un attentat à la dignité et aux droits du peuple, n'a pas même fondé le gouvernement de l'aristocratie, j'entends un gouvernement qui eût été l'expression de la volonté des 60,000 *propriétaires* les plus riches de France, volonté annoncée par leurs *élus*, et d'accord avec la volonté de pairs de France, d'un roi, de ses ministres et courtisans, et des maîtresses et valets de ces courtisans, mais qu'elle n'était rien... QUE L'ANCIEN RÉGIME DÉGUISÉ ! oui, la Charte ne fut jamais qu'un monument érigé à la honte du peuple ; et il faut le dire, DE TOUTES LES VENGEANCES DES BOURBONS, LA PLUS TERRIBLE, LA PLUS SANGLANTE POUR LE PEUPLE (CAR LE PEUPLE FRANÇAIS EST FIER ET A LE SENTIMENT DE SA DIGNITÉ DE PEUPLE) C'EST LA CHARTE.....!

Qui le conteste, n'est qu'un valet, un niais, ou un fripon, et je parle à des citoyens !

Ainsi fut, en 1814, renié pour la première fois depuis 25 ans, le principe sacré de la souveraineté nationale, et porté sur le pavois, avec tout son attirail, le principe du droit divin.

Et pourtant... la France laissa passer, et les

Bourbons, et les onze cent mille bayonnettes étrangères sur lesquelles il s'appuyaient, et la Charte ; mais la grande nation avait été fatiguée par vingt-cinq années de combats... je veux dire, de victoires. Les yeux fixés sur les treize siècles du *bon régime*, j'entends les treize cents ans de forfaits et d'horreurs que lui valurent la vieille monarchie et le pouvoir des prêtres et des nobles, et la main appuyée sur les actes de l'assemblée constituante, la France, dans une sombre attitude, avait dit aux Bourbons : « Passez vous et votre droit divin ; hommes et « système vous repasserez bientôt. Le triomphe « de votre principe ne peut être qu'éphémère ; « le mien dominera dans peu.... seul il est éter- « nel. »

Les Bourbons vécurent seize années...., seize années que, par respect pour le nom français, il faudrait effacer de l'histoire. Les misérables assassinaient, les lois à la main...! Que d'indignités au nom de L'ORDRE LÉGAL...! Les fils firent oublier leurs pères à force de crimes. Il était réservé à Charles X d'effacer l'épouvantable Charles IX...! Mais le peuple l'avait résolu ; pour souffrir moins long-temps il devait tout souffrir... et en effet, outrages, vols, incendies, assassinats, il endura tout... Bientôt il n'y eut plus dans la grande société française qu'une âme, qu'un bras..., l'heure était venue de frapper !..

Le 26 juillet la Charte octroyée est retirée... C'est l'occasion. Le soir même... les Bourbons avaient cessé de régner...! Le 31..., ils s'acheminaient lentement vers l'étranger, protégés par les frères de ceux-là mêmes dont ils avaient ordonné le massacre !!

C'en était donc fait; le droit divin avait croulé, et le peuple était rentré dans son imprescriptible souveraineté.

C'est ainsi que tout a péri dans la grande journée du 28 ! Roi, pairs, députés, ministres, cour, magistrats, administrateurs grands et petits, chefs d'armée, lois, ordonnances, Charte avant tout, TOUT HORS LA NATION QUI NE PÉRIT PAS.

Que de courage, que d'ordre, que de grandeur et de majesté dans ce peuple parisien ressaisissant les droits de toute une nation! Quels hommes! On a vu des citoyens, d'une main frapper les satellites du pouvoir, et de l'autre étancher le sang de la plaie! On a vu les ouvriers des faubourgs briser la statue de Charles X., et respecter celle de *Henri IV !* On les a vus, couverts de haillons, respecter des cassettes remplies d'or et des porte-feuilles chargés de billets de banque! Je les ai vus!...

Que de leçons le peuple a données!.... On n'a vu, on n'a entendu que des géans de gloire et de vertu dans ces journées hélas! trop tôt passées, où il n'y avait que du peuple!

Appelée à déléguer l'exercice de sa souveraineté, la nation réclamait une main organisatrice; Lafayette parut. . . . .

. . . . ★

ACTES
(du 29 juillet au 9 octobre, date de l'ajournement de la chambre des députés.)
—
DÉPUTÉS.

Le peuple allait user de son droit;

C'est alors que quelques aristocrates riches à 20, 40, 100, 200, 400 mille francs de rente et plus, députés selon la Charte et le double vote, nommés par une poignée des leurs pour *concourir* avec charles X, c'est à dire, pour obéir aux volontés du *roi souverain*, abandonnent LE CHATEAU, et interviennent. !

ET QUE FONT-ILS ?

Ne refoulent-ils Lafayette vers le néant que pour remplir la seule mission alors à remplir...? Convoquent-ils le peuple...??

———

* Je ne parle pas du *gouvernement provisoire;* à part deux de ses membres, peut-être, MM. Mauguin et Audry de Puyraveau, pas un n'était à la hauteur des circonstances. D'ailleurs ce gouvernement qui avait pris le tout petit nom de *commission municipale* n'a fait que paraître.

(16)

VOICI LEURS ACTES :

C'était le 29 juillet.. ..! Paris avait été déclaré en état de siége par Charles, sous la dictée de quelque scélérat en soutane; des milliers de Français avaient péri; les rues étaient jonchées de morts; la victoire était au peuple...! Les députés se réunissent, et font acte : *c'est une* PROTESTATION.....!

J'en donne ici la substance :

« *Députés régulièrement élus en vertu de l'or-*
« *donnance* ROYALE *de convocation du 17 mai der-*
« *nier, et conformément à la Charte et aux lois*
« *sur les élections des 5 février* 1817, 19 *juin* 1820,
« *et 2 juillet* 1828, NOUS REGARDANT COMME
« ABSOLUMENT OBLIGÉS PAR NOS DEVOIRS ET
« NOTRE HONNEUR, *de protester contre les mesures*
« *que les conseillers de la couronne ont fait pré-*
« *valoir pour le renversement du système légal des*
« *élections et la ruine de la liberté de la presse,*
« MESURES QUE NOUS JUGEONS ETRE CONTRAIRES AUX
« DROITS CONSTITUTIONNELS DE LA CHAMBRE DES
« PAIRS, *aux attributions et aux arrêts des tri-*
« *bunaux, et* PROPRES A JETER L'ÉTAT DANS UNE
» CONFUSION QUI COMPROMET ÉGALEMENT LA PAIX
« DU PRÉSENT *et la sécurité de l'avenir, nous*
« *protestons contre lesdites mesures, et décla-*
« *rons que nous nous considérons toujours comme*
« *légalement élus, et comme ne pouvant être*

« *remplacés qu'en vertu d'élections faites selon*
« *les principes et les formes voulues par les*
» *lois.* »

Ce premier acte n'est point daté de Rome,
mais de Paris!! Ses auteurs ont oublié la men-
tion qu'il avait été délibéré, dressé, et signé sur
les cadavres de nos frères.

Dès le 28, les mêmes députés avaient crié, du
fond de leurs salons ou de leurs caves, je ne
sais : « *Aucun signe! aucun drapeau!!*

Le 30, les députés nommaient à la lieute-
nance générale de l'empire Louis-Philippe d'Orléans; — bien et très-bien; mais en même temps,
et par l'acte même qui élevait le prince à cette
fonction, *ils prenaient la liberté de lui* EXPRIMER
LE VOEU QU'IL CONSERVAT LES COULEURS NATIO-
NALES ! *

Le 31, ils adressaient au peuple maître et
vainqueur ces généreuses paroles . « *Un pou-*
« *voir usurpateur menaçait à la fois la liberté*
« *et l'ordre ; tu rentres en possession de l'ordre*
« *et de la liberté : des droits te manquaient* EN-

---

* Ces couleurs avaient paru dans la journée même du 27.
— Le mardi 28, à la pointe du jour, je parcourais, moi,
les faubourgs Marceau et Antoine, à cheval, le drapeau
tricolore à la main.

« CORE *Tu auras* 1° *le rétablissement de la garde*
» *nationale avec l'intervention des gardes na-*
« *tionaux dans le choix des officiers;* 2° *l'inter-*
« *vention des citoyens dans la formation des ad-*
« *ministrations départementale et municipale;*
« 3° *l'application du jury aux délits de la presse;*
« 4° *la responsabilité légalement organisée des*
« *ministres et agens secondaires de l'adminis-*
« *tration;* 5° *l'état des militaires légalement*
« *assuré;* 6° ET ENFIN *la réélection des députés*
« *nommés à des fonctions publiques.* »

Le 4 août, MM. les députés procédent à la
vérification des pouvoirs.

Le 5, la chambre est constituée; — sont admis
MM. de Conny, Berryer, de Lépine, Duplessis de Grenedan et cent autres complices des
ministres assassins!... Le dirai-je? a été admis
à la représentation nationale M. de Montbel, l'un
de ces ministres!!! M. de Guernon-Ranville
a été ajourné!! On a discuté le cens d'éligibilité
de M. Chantelauze!! Cette séance a été cou-
ronnée par le fait suivant : Un membre propose
à la chambre d'élire elle même son président;
mais de toutes parts on s'écrie : « *C'est con-*
traire à la Charte; c'est contraire au régle-
ment; c'est contraire au passé; respectons
nos antécédens. » Et la chambre, présqu'en
masse, décida qu'en effet elle n'avait pas le droit

de nommer son président; le 7 elle nommera un roi !

La conduite, si noble, des députés, depuis le 29 juillet, avait remis sur pied tout ce qui portait une âme... La colère du peuple menaçait de nouvelles têtes..... La chambre voulut prévenir le coup de mort qui l'attendait; toute tremblante, et dans l'impossibilité de concevoir une pensée quelque peu française, elle prit résolution : CE FUT DE RAPIÈCER LA CHARTE DE LOUIS XVIII !

. C'est le 6 qu'elle devait se mettre à l'œuvre, et le 6, dès le matin, une foule immense de citoyens encombrait les avenues de son palais; outre la discussion sur la question *Charte*, la chambre devait *prononcer arrêt* sur l'abdication de Charles X et du duc d'Angoulême en faveur d'un prétendu duc de Bordeaux.

Déjà, la chambre avait ordonné le dépôt, dans ses archives, de l'acte d'abdication !

Déjà aussi, dans la discussion relative au rapiècement de la Charte, la chambre avait repoussé cette proposition de l'un de ses membres : « *Posons comme base fondamentale de notre* « *travail le principe de la souveraineté natio-* « *nale.* »

Dans leur juste indignation, les patriotes allaient envahir le Palais-Bourbon et chasser par

la force ces hommes qui traitaient aussi scanda-
leusement les affaires de la nation. Lafayette se
montra.... et la foule.... dans son.... fatal aveu-
glement se dispersa.

Le 7 au soir la charte octroyée avait été
revue et corrigée! notre sublime révolution
était décidément méconnue!

Je viens de dire le dépôt de l'acte d'abdication et le refus formel de proclamer le principe de la souveraineté populaire. — Qu'à présent on jette un œil quelque peu attentif sur le
préambule de la *Charte nouvelle;* on y verra,
non pas une déclaration solennelle de dé-
chéance, mais la déclaration pure et simple
d'un fait, celui de *vacance du trône,* — vu la
sortie *du territoire français de Sa Majesté
Charles X, de Son Altesse Royale Louis-Antoine Dauphin, et* de tous les membres de la
branche aînée de la maison royale! Qu'est tout
ceci....... si ce n'est une consécration positive
du droit divin?

Et puis, qu'est-ce que cette mé-
tamorphose de la charte de 1814,
en charte de 1830?

Voyons :

Aujourd'hui, comme le 26 juillet, une puis-
sance législative divisée en trois pouvoirs : un

roi; une chambre de pairs, organes de l'antique féodalité (*haute noblesse et clergé*), nommés par le roi à vie ou héréditairement, et encore en tel nombre, et comme il convient au roi; et une chambre de... *tiers-état.*

Je poursuis :

La Charte de 1814, art. 6, disait la religion catholique, apostolique et romaine, *religion de l'état*, ce qui nous valut les rigueurs salutaires de 1815 et bien d'autres gentillesses de ce genre; la Charte de 1830, même art. 6, la proclame la *religion de la majorité des Français.*

La Charte de 1814, art. 7, porte que les *ministres de la religion catholique, apostolique et romaine, et ceux des autres cultes chrétiens reçoivent* SEULS *des traitemens du trésor public.* La Charte de 1830 en dit autant *.

L'article 11 de la Charte de 1814 portait :

---

*C'est pourquoi deux cent mille Israélites, et cinq cent mille autres citoyens, professant une religion qui n'est ni la catholique, apostolique et romaine, ni la chrétienne, TOUS FRANÇAIS POURTANT, JOUISSANT DE TOUS LES DROITS ATTACHÉS A CETTE QUALITÉ, PAYANT L'IMPÔT, payeront en outre leurs prêtres! IL N'Y A D'ARGENT AU TRÉSOR NON *national* (cette épithète a été impitoyablement repoussée), mais de *l'état*, QUE POUR LES MINISTRES CHRÉTIENS.

Ainsi le veut surtout l'art. 5 de la Charte de 1814, conservé dans la Charte de 1830, lequel est ainsi conçu;

« *Toutes recherches des opinions et votes émis*
« *jusqu'à la restauration sont interdites.* »

Là, il faut le reconnaître, se montre un Roi,
un individu, pardonnant à une nation ce qu'elle
a fait dans un quart de siècle, *ses funestes écarts;*
il faudrait être aveugle-né pour ne pas voir
que cet article renferme la condamnation même
des principes de 89 ! Eh bien, ce même art. 11
de la Charte de 1814, qui, par une dérision
bien digne des Bourbons, a servi de texte à leur
bras droit, au second Marat de la contre-révolution, au sanguinaire Labourdonnaye, pour
proscrire plus de quatre millions de Français
est maintenu dans la Charte de 1830, il en
devient l'art. 10 !!

L'art. 13 de cette même Charte de 1830,
comme l'art. 14 de la Charte de 1814, donne
au Roi le droit de guerre ; le § 2ᵉ de l'art. 15

« *Chacun professe sa religion avec une égale liberté,*
« *et* OBTIENT POUR SON CULTE LA MÊME PROTECTION. »

Il n'y aura de liberté de cultes qu'alors que les ministres des diverses religions seront salariés par ceux-là mêmes qui les professent, je dis liberté ; il faut s'entendre ;
la société n'accorde de liberté qu'autant que cette liberté
ne lui nuit pas. Les deux questions suivantes ne vien-
nent-elles pas à point :

— Quand songera-t-on à laisser à lui-même le catho-
licisme, seul obstacle à l'entière émancipation de l'esprit
humain ?

— Quand l'église cessera-t-elle d'être un état dans
l'état ?

de la nouvelle Charte porte que toute loi d'impôt doit d'abord être votée par la chambre des députés. Que les *constituans* s'entendent : on ne fait pas la guerre sans argent ; or, il dépend des députés, quels qu'ils soient, de refuser les subsides, et cependant le droit de faire la guerre paraît appartenir exclusivement au Roi.... Mirabeaux modernes, accordez-vous !

Le même art. 13 de la Charte de 1830, de même encore que l'art. 14 de la Charte de 1814, porte que « *le Roi fait aussi les traités de paix, d'alliance et de commerce.* » Soit : mais un peu plus de précision dans les termes aurait eu son prix ; il me souvient à moi, que c'est appuyé sur cette disposition que Louis XVIII a fait le traité le plus ignominieux que la France ait jamais subi... et que plus tard Charles X abandonnait A UNE BAYONNETTE PRUSSIENNE LE SOIN DE NOUS DÉPOUILLER DE QUELQUES POUCES DE TERRAIN.

L'art. 71 de la Charte de 1814 consacrait *la noblesse héréditaire....* Les *constituans*, la plupart, il est vrai, chevaliers, comtes, vicomtes, barons, marquis, et même ducs, ont aussi consacré la *noblesse et l'hérédité !* *

---

* Cet art. 71 de la Charte de 1814 disait : « La noblesse « ancienne *reprend* ses titres. » L'art. 62 de la Charte de 1830 dit aussi : « La noblesse *ancienne reprend* ses titres. »

Que d'incorrections de cette nature dans la Charte nouvelle !

Voici venir une modification extrêmement grave. — Dans le sens national ? — Nullement, et tant s'en faut.

L'art. 37 de la Charte de 1814 portait : « *Les* » *députés sont élus pour cinq ans*, ET DE MA- » NIÈRE A CE QUE LA CHAMBRE SOIT RENOUVELÉE » CHAQUE ANNÉE PAR CINQUIÈME. »

Bon article s'il en fut ! qu'ont fait les *consti-* *tuans ?* — Ils en ont supprimé la dernière dis- position... et l'art. 31 de la Charte de 1830 ne porte que ces mots : « *Les députés sont élus pour cinq ans* *. »

L'art. 58 de la Charte de 1814 portait : « *Les* » *juges nommés par le Roi sont inamovibles.* »

Or, personne n'ignorait que ce ne fut point pour rendre la justice que les rois Louis XVIII et Charles X ont fait des juges, mais bien pour servir la pensée de la *restauration*, mot qui a lui seul est toute une pensée.

Personne n'ignorait que la majorité des tribu- naux de France avait été complice des forfaits de la restauration. (Quel accusé politique n'a été si non jugé, du moins condamné ?)

---

* On dit que les députés ont besoin de se *former comme orateurs.* — Ce ne sont plus DE BELLES PAROLES qu'il faut à la France, ce sont des LOIS, ET DE BONNES LOIS. Le député pé- nétré de sa mission, probe, ami sincère du peuple, juste, et capable DE FAIRE (et ces qualités peuvent s'acquérir hors de la chambre) dira toujours assez bien. Si les rhéteurs ne l'applaudissent pas, le pays l'applaudira.

Personne n'ignorait que, si ce n'est la majorité, beaucoup du moins de ces tribunaux avaient dressé des *lettres* de *félicitation* au roi Charles X a propos des ordonnances du 26 juillet.

Personne n'ignorait que le barreau tout entier de Paris venait de décider qu'il ne plaiderait pas devant les magistrats *bourboniens*.

Personne n'ignorait que la même résolution avait été prise par un grand nombre des barreaux de province.

Personne n'ignorait enfin que l'inamovibilité de juges institués dans un esprit de système ne s'entend que de leur conservation en tant que le système est debout ; que LE SYSTÈME DISPARAISSANT.... l'inamovibilité disparaît.

Personne ne l'ignorait, les *constituans* surtout le savaient ; — LA MAGISTRATURE A ÉTÉ MAINTENUE....!*

Je ne finirais pas si je voulais retracer tout l'odieux de la Charte nouvelle.

---

*Quel spectacle que cette immensité de magistrats se levant de leur siége, étendant la main, levant les yeux vers le ciel, et d'un bout de la France à l'autre disant : « *Je le jure* » devant des populations assemblées qui sifflent, huent, et crient : « *A bas les parjures ! les traîtres ! les impudents ! les jésuites ! les signataires des adresses ; a bas les scélerats, nous n'en voulons plus !* »

Ces détails sont douloureux ; ce qui constitue la vie de la magistrature, c'est la considération. Mais où est la loi qui m'oblige à vénérer un bourreau revêtu de la toge?

En somme, j'ai comparé la Charte de 1814 et celle de 1830, et j'ai trouvé POUR TOUTES AMÉLIORATIONS :

1° Par l'addition, à l'art. 14 de l'ancienne Charte, de ces mots : « *Sans pouvoir jamais ni suspendre les lois elles mêmes, ni dispenser de leur exécution.* » Qu'a l'avenir.... un roi n'aura plus LE DROIT ABSOLU DE SOUVERAINETÉ.

2° Par l'addition à ce même art. 14 de l'ancienne Charte de ces autres mots : « *Toutefois aucune troupe étrangère ne sera admise au service de l'état qu'en vertu d'une* LOI. » Qu'à l'avenir encore..... un Roi ne pourra plus prendre de *Suisses* pour faire massacrer *le peuple* sans l'assentiment des HAUTS ET PUISSANS SEIGNEURS DU ROYAUME, PAIRS FÉODAUX ET DÉPUTÉS DE L'ARISTOCRATIE.

3° Qu'à l'avenir aussi.... on sera plus poli avec ces MM. les pairs et députés, et qu'au lieu de dire : « *Les chambres ont la faculté de* SUPPLIER *le Roi de proposer une loi sur quelqu'objet que ce soit, et d'indiquer ce qui leur paraît convenable que la loi contienne.* » (Art. 19 de l'ancienne Charte) on dira : « *La proposition de la loi ap-* » *partient au Roi, à la chambre des pairs et à* » *la chambre des députés.* » (Art. 15 de la nou- » velle, § 1er).

4° Qu'à l'avenir encore.... les séances de la chambre des pairs, au lieu d'être secrètes (Art.

(27)

32 de l'ancienne Charte) seront publiques. (Art. 27 de la Charte nouvelle.)

5° Qu'à l'avenir aussi…. les présidens des colléges électoraux, au lieu d'être nommés par le Roi (Art. 41 de l'ancienne Charte), le seront par les électeurs. (Art. 35 de la nouvelle.)

6' Qu'à l'avenir encore…. le président de la chambre des députés, au lieu d'être nommé par le Roi sur une liste de cinq candidats à lui présentés (art. 43 de l'ancienne Charte) le sera directement par la chambre (art. 37 de la nouvelle).

7° Qu'à l'avenir aussi…, et même à toujours…, il ne sera plus question de cours prévotales. *

8° Et qu'à l'avenir enfin…, ce ne sera plus dans la SOLENNITÉ DE LEUR SACRE (art. 74 de l'ancienne Charte), mais bien à leur avénement au trône, et en présence des chambres réunies que les Rois *jureront d'observer fidèlement la Charte.*

N'EST-CE PAS ASSEZ CHER PAYER LA MORT DE DIX MILLE CITOYENS….?

Qu'on ne me fasse pas un crime de n'avoir pas cité la réduction de l'âge de l'électeur et de l'éligible à vingt-cinq et trente ans; cette déci-

* Il faut en convenir, le rétablissement des cours prévotales n'était guère possible; les journées de juillet l'ont prouvé.

sion de la chambre, loin d'être une AMÉLIORA-
TION, n'est, JUSQU'À NOUVEL ORDRE DU MOINS,
qu'une mesure liberticide, et en effet qui ne voit
que ne seront électeurs et éligibles à cet âge de
vingt-cinq et trente ans, que les fils de grands
propriétaires, comme pairs de France et députés?

Je n'ai pas davantage cité l'expulsion des
pairs de Charles X, et par la même raison; ce
ne fut qu'affaire de MM. les *constituans* aux
pairs expulsés.

VICTIMES DES GRANDES JOURNÉES ! QUE VOS
MANES S'APAISENT ET SE CONSOLENT, TOUT N'EST
PAS FINI.....

Quel besoin désormais de rappeler le spectacle indécent qu'a offert le côté droit de la
chambre des députés dans cette même séance
où fut si bien raccommodée la guenille de la
contre-révolution, *la Charte?* — Charles et sa
digne famille quittent en paix un sol qu'ils viennent d'ensanglanter, un sol où ils n'eussent
voulu laisser que des ruines, ET LA TRIBUNE NA-
TIONALE RETENTIT DE LEUR ÉLOGE ET DE LAMEN-
TATIONS SUR LEUR INFORTUNE !! Vingt députés,
parmi lesquels on a principalement remarqué
MM. Berryer, de Conny, Boisbertrand et de
Martignac, s'étaient partagé cette tâche igno-
minieuse. — « *L'amour de la patrie*, a dit
M. de Martignac en pleurs, *brûlait l'âme de*

Charles X » De Charles X dont la vie ne fut qu'un long complot contre la liberté et la nation ! De Charles X qui, alors que le fer de ses satellites moissonnait la population parisienne, faisait son cent de piquet avec quelqu'archevêque, celui de Paris, je pense, ou récitait son *Pater noster !* Et ce même M. de Martignac sera deux et jusqu'à trois fois rapporteur d'une commission nommée par la chambre...!! Il le sera ! et il aura fait à la chambre cette déclaration : *je me charge de la défense de M. de Polignac !!* « Il le sera jusque dans la loi d'application du jury aux délits politiques !!! — Puis après les éloges et les larmes venaient ces paroles : « *La force ne saurait constituer aucun droit ; respectons dans* TOUTE SA RIGUEUR *le principe de la légitimité...* au duc *de Bordeaux* ! si ce n'est au duc d'Angoulême.... ou.... à Charles X lui-même !!!.

A l'heure où la chambre proclama *roi des Français* Louis-Philippe d'Orléans, ce même côté droit tout entier avait déserté la salle ; cette partie de la chambre a donc été complètement étrangère à l'élection du roi.

Le 11, formule du serment des députés, et prestation.

Voici cette formule :

« *Je jure fidélité au Roi, d'obéir à la Charte*
» *et aux lois du royaume, et de me conduire, en*
» *tout et partout, comme un bon et loyal dé-*
» *puté.* »

On voit comme les restrictions mentales, eu
égard au temps, entrent à pleines voiles dans
cette formule.

Je jure *fidélité au Roi.* Quel Roi? Charles X?.
Louis-Antoine? Henri V? ou Louis-Philippe?

Je jure *d'obéir à la Charte.* Quelle Charte?
la Charte de 1814? ou la Charte de 1830?

Eh! bon dieu, les casuites l'avaient décidé :
tout homme public peut en conscience prêter
serment, sans être dispensé de trahir l'homme
ou le gouvernement auquel il le prête. Les
émigrés (et qui l'ignore?) n'ont prêté serment de
fidélité à Napoléon à d'autre fin que celle de LE
MIEUX TRAHIR...... Nos députés pouvaient donc
ne pas se gêner, et rendant le serment clair et
précis, comme doit l'être tout serment, dire :
« *Je jure fidélité au Roi Louis-Philippe d'Or-*
» *léans, et obéissance à la Charte modifiée le 7*
» *août 1830.* »

Et puis que de sermens prêtés et violés depuis 40 ans par la plupart des auteurs mêmes
de la formule!

Comme il faisait beau voir MM. Berryer,
Syrièys de Mayrinhac, de Boisbertrand, Jac-
quinot de Pampelume, Descayrac, Lemore,
Mestadier, Fleury de l'Orme, etc., etc., Tout

honteux du tourment de conscience qu'avait décélé leur fuite à l'approche de l'élection du Roi, prêter serment de fidélité à ce même Roi! Hélas encore! ils ne purent s'empêcher de jeter quelques nouvelles larmes sur le sort du monarque chassé et des siens, de rappeler *que la force ne détruisait pas le droit*..... Mais, comme leur digne héros, comme Charles, *le cœur brûlé par l'amour de la patrie*, et dans cette béate perspective, *de soustraire la France aux horreurs de l'anarchie et de* LA RÉPUBLIQUE, ILS JURÈRENT!.... Heureusement.... qu'au milieu de cet assaut de scandales venaient des députés d'une autre couleur rassurer la France en l'entretenant... de la *construction de leur nouvelle salle!* en lui annonçant que les *banquettes seraient droites* ou *demi-circulaires!*

Le 13 août (séance où pas un membre du côté droit n'assistait) la chambre prend en considération la proposition qui lui est faite de mise en accusation des anciens ministres. Une commission chargée de suivre est nommée.

Le 20, la commission, pensant que la chambre, en la chargeant *de suivre sur la mise en accusation*, ne lui avait pas, par là même, conféré tous les pouvoirs de juges d'instruction, faisait remarquer à l'assemblée que pour remplir sa mission elle avait besoin *d'instruire, de lancer le mandat d'amener;* elle eut même l'ingénuité d'observer que sans ces pouvoirs l'accusation était impossible; la chambre discute. Le cas est épineux, difficile; des ministres, assassins de tout un peuple, quelques-uns sont pairs de France, et l'art. 34 de la Charte de 1814, devenu l'art. 29 de la Charte de 1830, porte qu' « *aucun pair ne peut être arrêté que de l'autorité de la chambre des pairs.* » Après mainte et mainte glose sur la question, la chambre entre en délibération; on se lève, on reste assis; l'épreuve est douteuse! de nouveau on se lève, on se tient coi, et la question ne fait plus de doute... la commission aura tous les pouvoirs qu'elle réclame! il sera permis de poursuivre M. de Polignac et consors! Cependant l'alarme est au camp. Les amis des ministres (et ces messieurs ne manquent pas d'amis dans la chambre des représentans de la nation) s'indignent, s'irritent, et font explosion : « *Au scrutin! Au scrutin!* » Et la chambre, au mépris de sa décision, au mépris de son réglement, qui porte formellement que « *toute proposition, qui n'a pas une loi pour objet se vote par assis et levé* », ordonne par l'organe de sa volonté, le président, le vote *au scrutin!....* *

C'est ainsi que la commission d'accusation a

---

* La chambre aura senti qu'elle se perdait sans retour si elle paralysait l'accusation; et le scrutin ne fut pas favorable à la cause des ministres.

reçu de la chambre le mandat d'agir! On verra la suite.

Le 25, loi relative à la formation du jury. — Le 7, la chambre, on s'en souvient, avait décidé que l'âge de 25 ans suffisait à l'homme qui fait les législateurs ; aujourd'hui la même chambre décide qu'il faut au juré, à l'homme qui n'a autre chose à faire qu'à prononcer sur un fait matériel, vrai ou faux, au moins l'âge de 30 ans!

Ainsi l'ont surtout voulu MM. Jacquinot de Pampelune et Berryer!

Le 30, loi *transitoire* sur les élections. — Le but de cette loi étant de completter la chambre, parti était pris de rester, et non de se dissoudre. — LE CENS DE L'ÉLECTORAT ET CELUI DE L'ÉLIGIBILITÉ SONT MAINTENUS! — ÉLECTEURS A CENT ÉCUS! ÉLIGIBLES à MILLE FRANCS!

— C'est vainement qu'un des membres de la très petite minorité a dit à l'assemblée : « *Nous* » *ne sommes députés que par la grâce des cir-* » *constances; votons un budjet, donnons au* » *pays un système d'élection qui réponde au* » *principe d'organisation sociale rétabli par les* » *derniers évenemens, et retirons nous, notre* » *mission sera accomplie.* »

— C'est vainement qu'un autre membre de la même minorité a dit : « *Les députés sont les* « *avocats du peuple ; laissez au peuple la faculté* « *de prendre ses avocats où bon leur sem-*

» *blera ; faisons plus : réduisons, et de beaucoup,*
» *le cens de l'électeur.* »

— C'est vainement qu'un membre de je ne sais quel banc a dit : « *Abaissons le cens de* » *l'éligibilité à* 800 *fr.,* *et celui de l'électorat à* » 200 *fr.*

Tout cela n'était que discours d'anarchistes, de boute-feux, de révolutionnaires. — « *Non,* » *non, se sont écrié les honorables collègues,* » *nous sommes et resterons députés,* *et comme* » *avant ne sera électeur que qui payera* 100 *écus* » *d'impôt, et éligible que qui payera* 1000 *fr.* » D'ailleurs nous sommes les 221 ! NOUS » AVONS SAUVÉ LA FRANCE ! NOUS » VOULONS LA SAUVER ENCORE ! — Ce » qu'il faut à la France ce sont des hommes » comme nous ; A LA LONGUE CONSERVATION DE LA » CHAMBRE, EST ATTACHÉ LE SALUT OU DU MOINS » L'HONNEUR DE LA RÉVOLUTION ! » Ces paroles .... sont incroyables, et cependant elles ont été prononcées ! L'un de ces honorables, le même qui, le 26 juillet, récitait à tout venant : *moi ! je ne suis plus député,* (telle sans doute ayant été la volonté du roi Charles X) qui, le 28, (et il s'en vantera !) à l'heure où la victoire était dans le camp du peuple (ce qu'il pouvait ignorer, car il n'était pas là), adressait à Charles X UNE PÉTITION OÙ il SUPPLIAIT SA MAJESTÉ *de vou-* *loir bien maintenir la Charte octroyée et les lois* *du royaume,* cet homme que je soupçonne fort

d'appartenir à la congrégation a dit : « *Je veux*
» *la liberté, mais avec des lois qui puissent la*
» *préserver de ses propres excès ;* C'EST-LÀ LA
» LIBERTÉ QUE NOUS AVONS ENTENDU FONDER, *lors-*
» *que* NOUS AVONS RÉTABLI *le régime des lois* *. »

Le 31, loi qui déclare les députés promus à
des fonctions publiques soumis à la réélection.

Le 2 septembre, *loi de rappel* DES PROSCRITS.
— Le projet en avait été communiqué à la
chambre dès le 24 août. Que fallait-il pour que
la loi fut votée par acclamation et d'enthousiasme? un tant soi peu de nationalité. — La loi
fut longuement et paisiblement discutée! la
chambre entendit sans murmures ce passage
d'un discours du député Berryer. « *Les noms*
» *de ceux qu'il s'agit de ramener au milieu de*
» *nous réveillent la mémoire d'un temps de cala-*
» *mités et de crimes..... je regarde la loi comme*
» *aussi dangereuse qu'inutile, et pour dire ma*
» *pensée tout entière, elle semble nous convier*
» *à une complicité morale que je repousse avec*

---

* Un député a proposé dans la même séance d'écrire
dans la loi « *qu'il y a incompatibilité entre la qualité de dé-*
« *putés et les fonctions salariés amovibles, ainsi que celles*
« *de comptables envers le gouvernement.* »
Quatre membres, y compris son auteur, se sont levés
en faveur de cette proposition! Tant il est vrai que les
députés sont au Palais-Bourbon pour faire les affaires
du pays et non les leurs!

» *horreur... ignore-t-on qu'il est des hommes*
« *qui s'irritent et frémissent à la pensée du san-*
» *glant événement dont on vient si malheureuse-*
» *ment rappeller le souvenir...! »* [*] La chambre
entendit aussi sans murmures le même député,
partisan zélé de la loi d'indemnité, de cette loi
qui accordait aux émigrés un milliard pour avoir
armé l'Europe contre la France, et combattu
dans les rangs de l'ennemi, disputer pied à
pied, AU NOM DE L'ÉCONOMIE QU'ON DEVAIT AU
PEUPLE, le morceau de pain qu'il fallait donner
aux proscrits..! La chambre souffrit enfin que le
même Berryer profanât la gloire de Napoléon
en réclamant avec la perfidie d'un jésuite, que
sa famille ne fut pas une seconde fois proscrite..!

Le 6, un député, du haut de la tribune, et
aux grands applaudissemens de la chambre,
annonce pompeusement à la nation que « *les*
» *critiques de quelques journalistes ne l'empé-*

---

[*] Fouché de Nantes marchait de front avec les Marat
et les Danton, et même il les précédait; c'est lui, c'est ce
Fouché qui, dans le procès de Louis XVI, hurla pour tout
discours : « *la mort! la mort! la mort.!* — Eh bien? — Eh
bien! Fouché de Nantes a été ministre et ambassadeur de
Louis XVIII!! Mais que dis-je? N'est-ce pas ce même
Louis XVIII qui écrivait à Robespierre : «RENDEZ PLUS
SANGLANTE ENCORE LA RÉVOLUTION, C'EST
NOTRE UNIQUE MOYEN DE RETOUR. — C'est au
parti *royauté, clergé* et *noblesse* SEUL, qu'il faut attribuer les
horreurs de 93; c'est ce parti qui a assassiné Louis XVI.

» *cheront pas de suivre la carrière qui, selon lui,*
» *est celle du bien* »; sur ce, l'honorable ex-
huma... LA LOI COMMUNALE DE 1828 !

« — *Cette loi ne convient plus aujourd'hui.*
» — *Le mandat de la chambre a besoin d'être*
» *renouvellé.* — *Les élections partielles vont se*
» *faire, attendons que la chambre soit rafrai-*
» *chie,* » firent observer quelques membres qui
ne sont pas de la majorité, — ah bas! « *La*
» *chambre a bien organisé un gouvernement,*
» *elle peut bien organiser une commune,* » et la
proposition fut prise en considération!

Le 17, un député communique à la chambre
le projet de loi suivant :

« Art. 1er. *Le cautionnement exigé par l'ar-*
» *ticle 2 de la loi du 18 juillet 1828, pour les jour-*
» *naux et écrits périodiques, est réduit au quart*
» *appartenant à chaque gérant de journal.*

» Art. 2. *Le droit de timbre de ces journaux*
» *sera perçu seulement d'après l'art. 70 de la loi*
» *du 28 avril 1816.*

» *Les lois postérieures qui l'ont augmenté sont*
» *abrogées.* »

» *Le port sera payé comme avant cette loi.* »
Certes, cette proposition est bien étrangère à
l'esprit de notre révolution. Peu importe : elle
roulera dans les bureaux des semaines entiè-
res, et finira par être rejetée après vingt phi-
lippiques contre la presse!

Le 24, rapport de la commission d'accusation des ministres signataires des ordonnances. — C'est bien moins un réquisitoire contre les ministres assassins, qu'un humble pardon demandé aux rois de l'Europe sur les événemens de juillet!

Le 28, les députés l'ont enfin décidé : « *La* » *chambre accuse de trahison les ministres Po-* » *lignac, Peyronnet, Chantelauze, Guernon-* *Ranville, d'Haussez, Capelle et de Montbel.* » — Comme la commission de rapport, les députés ont fait amende honorable devant la sainte alliance! La séance avait été ouverte par l'éloge obligé de Charles X (c'était un prince BON, HUMAIN, LOYAL!) et par l'éloge des ministres eux-mêmes!

Le 2 octobre, un citoyen, sans doute peu au courant de ce qui se passait à la chambre, lui demandait que les cendres de Napoléon fussent rapportées en France, et déposées sous la colonne de la place Vendôme. — L'ombre d'un grand homme devait épouvanter des pygmées, et la chambre, comme chacun devait s'y attendre, passa à l'ordre du jour.

Le 4, loi sur l'application du jury aux délits de la presse. — La presse était assez osée pour n'être pas toujours de l'avis des députés, et quelquefois même *en médire*. Nos députés avaient à mettre ordre à ce scandale, à cette abomina-

(39).

tion, et à le faire d'une manière péremptoire ;
quel meilleur expédient pour la *partie* que de
se faire *juge* ? Aussi fut-ce l'expédient auquel
eurent recours nos députés. — La chambre con-
naît aujourd'hui des *licences* de la presse contre
elle, les poursuit et les punit *. — Sur vingt
amendemens à la loi, un seul a passé, c'est celui-
ci : « *La censure établie en 1822 sur les gravures
» est abolie.* » Les autres amendemens ont été
rejettés comme en masse ; chaque député allait,
venait, faisait cent tours, l'heure du dîner avait
sonné !

Le 5, loi relative aux subsistances.

Le 8, adresse au Roi tendant à ce qu'il présente à la chambre un projet de loi *qui abolisse
la peine de mort....* Comment ? nos députés devenus philantropes ? — à demi ; l'abolition de la
peine de mort ne serait *que pour les délits politiques.* — Mais quoi ! hier encore la chambre ne
se voyait entourée que de *républicains* capables
de tous les crimes, et aujourd'hui la voilà qui
ne voit plus autour d'elle que des anges, que des

* Ce n'est pas à coup de condamnations qu'on obtient
du respect. — La presse ne s'attaquera jamais à des hommes populaires ; le bon sens public est là qui commande.
Où est l'écrit, le journal, qui aient attaqué M. *Dupont de
l'Eure ?* — Et pourtant....

hommes incapables de *mal faire !* — Ce que la chambre voyait hier, elle le voit encore aujourd'hui ; mais les anciens ministres dont *les clameurs populaires* avaient seules forcé l'acte d'accusation, fallait-il donc les voir monter sur l'échafaud?..... LA JUSTICE POUR TOUS QUAND IL S'AGIT DE PUNIR.... FI DONC! ELLE N'EST FAITE ALORS QUE POUR LES VILAINS... c'est pourquoi la chambre décida que l'assassinat de dix mille Français, l'incendie d'une partie de la France et mille autres peccadilles de ce genre, *commis au nom de la politique*, n'étaient que des *délits politiques*, et résolut d'abolir la peine de mort *pour les délits de cette nature !....* Toutefois sentant ses épaules s'affaisser sous le poids de la réprobation publique, et craignant pour elle-même, la chambre laissa au chef de l'état dont la popularité est encore intacte le soin de l'*initiative* *.

Le 9, la chambre s'ajourne au 10 novembre,

---

* Quant à l'homme qui n'aura pas tué tout un peuple, mais un seul de ses semblables, il continuera à être puni de mort ; de même sera puni le soldat qui, insulté par son caporal, l'aura frappé. C'est ainsi que la chambre des députés entend la philantropie !

—Si les ministres, comme ils le doivent, renvoient à d'autres temps cette mesure qui, prise aujourd'hui, ne serait rien moins qu'un crime ; la chambre ACCUSATRICE aura du moins, par son *adresse au Roi*, fait ACTE DE CONTRITION.

et se sépare. — Ce devait être; à la veille des élections partielles il fallait quitter le Palais-Bourbon, au risque de le retrouver occupé par les *Jacobins*, et se rendre dans sa province.— Au moment où j'écris ces lignes, nos députés font entendre aux électeurs, *selon la restauration*, qu'à leur vote est attachée la question de vie ou de mort de la nation; que s'ils s'avisent de porter leurs suffrages sur des hommes tels que MM. Mauguin et Audry de Puyraveau, et non tels que MM. Dupin et de Martignac, la France est à jamais perdue, et aussitôt d'évoquer le monstre de 93!! Quant aux députés *agens du gouvernement*, soumis en cette qualité à la réélection, ils sont de plus à démontrer aux électeurs qui déjà les ont élus l'*impérieuse nécessité de les réélire*, ils leur prouvent, clair comme le jour, qu'on peut en même temps, à la même heure, parler et agir dans une ville à 150 lieues de Paris, soit comme préfet, soit comme directeur, procureur ou avocat général, et à Paris même, comme député... et puis, n'est-il pas de toute évidence qu'il est de l'intérêt de la liberté et de l'indépendance nationale, comme de la dignité de la représentation, qu'une même personne soit tout à la fois député et serviteur d'un ministre?

A ce compte, et dix mille individus payant un impôt de trois cents francs, portant le nom d'*électeurs*, ayant prononcé, suivant que les députés auront parlé, *on saura bien*, ainsi qu'il a été dit à la tribune nationale, *ce que veut la nation française*, c'est-à-dire encore une masse de trente-trois millions de citoyens !

PAIRS.

La chambre des pairs n'ayant été (et elle ne pouvait être) que la platte doublure de la chambre des députés, je n'en dirai rien.... que ceci :

C'est le 10 août, pour la première fois, que ses séances étaient publiques ; pour la première fois, ce jour-là, le peuple était admis a entendre les pairs ; les premiers mots qui sont venus frapper ses oreilles ont été ceux-ci : « *Charles* » *X était le meilleur des rois, il n'avait que* » *d'excellentes qualités, aussi est-ce lui qui me* » *commande de préter serment à Louis-Phi-* » *lippe.* * Le peuple ne fut pas surpris.

NISTRES.

J'ARRIVE AUX ACTES PERSONNELS DES MINISTRES.

De ces actes, je passe rapidement en revue, et indistinctement ceux qui me tombent sous la main.

Mais avant tout, que sont leurs auteurs ? que sont les ministres ? — Je réponds : presque tous

* M. Fitz-James.

(43)

ont servi la restauration! deux ont été ministres de Louis XVIII! un troisième a été *le ré-
dacteur en chef du Moniteur de Gand et le cor-
respondant des grands comités royalistes de
France!* il est, de plus, l'auteur de la fa-
meuse loi de 1814 sur la presse, loi que M. de
Polignac s'était attribuée pour l'offrir à l'agrément de nos députés! il fut plus encore; il fut
censeur! — D'où viennent-ils? De la chambre
des pairs de Charles X, et des *centres* de la
chambre des députés!

AU 31 JUILLET, et pendant que nos députés
annonçaient au peuple français que, pour prix du
sang de dix mille des siens, IL REPRENAIT LA LI-
BERTÉ QUE LUI AVAIT DONNÉE CHARLES X, les ministres adressaient à ce même peuple une proclamation où se trouvent ces mots : « *Les cham-*
» *bres vont se réunir, elles aviseront aux moyens*
» *d'assurer le règne des lois, et le maintien des*
» *droits de la nation;* LA CHARTE SERA DÉSOR-
» MAIS UNE VÉRITÉ.* »

* J'ai gardé mémoire des discours populaires dont re-
tentissait la capitale le jour où parurent ces manifestes
des prétendus députés de la nation et des ministres du
prince : « Quoi, s'écriait-on de toutes parts avec co-
» lère, notre révolution est accomplie, et c'en sont là
» les fruits! Une poignée d'hommes qui se cachaient
» honteusement au jour du péril, d'hommes sans

Le 3 août, JOUR DE CONVOCATION INDIQUÉ PAR CHARLES X, *discours d'ouverture.* — Je n'y trouve rien, que le sens des paroles du 31 juillet. « *On n'est,* dit-on, *accouru* » *que pour rétablir l'empire des lois, sauver la* » *liberté menacée, et rendre impossible le retour* » *de nos maux en assurant à jamais le pouvoir*

» mission, d'aristocrates élus par l'aristocratie nous dic-
» tent aujourd'hui la loi ! A les entendre, nous n'avons
» pris les armes que pour la défense des lois de Charles X !
» Quoi donc ! mais Charles régnait comme avaient régné
» ses pères, en véritable brigand, mangeant son Dieu le
» matin, et le soir ordonnant le supplice de *ses peuples.*
» — Mais ses lois sont empreintes du cachet de la tyrannie
» la plus exécrable; mais c'était la *restauration,* la *con-*
» *tre-révolution,* le régime du bon plaisir. Enfin on nous
» annonce, sans doute dans le but d'être bien compris
» que LA Charte, LA charte octroyée sera désormais
» une vérité !.... Ordre légal, Charte, vains mots ! l'or-
» dre légal, comme la Charte, comme tout le reste, a été
» englouti dans le naufrage du 28 juillet. Le peuple est
» maître, c'est à lui, à lui seul de parler. »
Ainsi disaient les masses le 31 juillet.

Le lendemain 1er août, la feuille officielle, le *Moni-teur,* jettait à l'indignation publique un bâume qui de-vait, sinon l'apaiser, du moins l'empêcher d'éclater; ce journal portait : « *La proclamation ministérielle n'a pas* » *dit* : LA *Charte; mais* UNE *Charte sera désormais une* » *vérité.* »

Le 2, la même feuille officielle rétablissait le texte pri-mitif, et disait non plus : « UNE Charte, mais bien LA Charte. »

» *de la Charte* DONT LE NOM INVOQUÉ PENDANT LE
» COMBAT L'ÉTAIT ENCORE APRÈS LA VICTOIRE.....* »

Le 5, les ministres nommaient à la présidence de la chambre des pairs l'un des serviteurs les plus dévoués de la restauration, le pair qui dans une discussion à propos de la censure, en 1821 ou 1822, avait dit : « *Eh bien,* » *oui, ce que nous voulons, c'est l'arbitraire !* » celui-là même que Charles X eut appelé pour remplacer Polignac en son conseil... le baron Pasquier !

** .Le nom de la Charte invoqué pendant et après le combat !....* Héros des grandes journées ! les avez-vous vus au milieu de vous ces ministres qui viennent vous apprendre sous quel drapeau vous avez combattu ? Eh non, ils étaient loin de la place publique où coulait le sang ! Tapis au fond de leurs cabinets, ils étaient à Charles X comme à Louis-Philippe ! Et cependant, LE NOM DE LA CHARTE INVOQUÉ PENDANT LE COMBAT L'ÉTAIT ENCORE APRÈS LA VICTOIRE...! et d'ailleurs, est-ce à dire par cela que le peuple a crié : *Vive la Charte,* qu'il n'ait combattu que pour le maintien de cette charte ? Cette prétention, à part le cachet d'insigne mauvaise foi dont elle est empreinte, est absurde, pour ne rien dire de plus ; le peuple se faire massacrer pour des intérêts qui n'étaient pas les siens ! La démocratie sur un champ de bataille pour l'aristocratie ! M. Guizot seul pouvait le dire ; il fallait un cri de ralliement, et on cria *vive la Charte.* — Les noms de *liberté,* d'*égalité,* de *république* ont aussi été prononcés, et plus souvent peut-être que celui de *Charte.*

Le 2 septembre, devait avoir lieu au Panthéon que, le 26 août les ministres, sans doute dans un moment d'oubli, avaient rendu a sa destination, l'inauguration des bustes de Foy et de Manuel, mais c'était une fête qui *réchauffait l'esprit révolutionnaire!* et puis un journal, *l'ami de la religion et du roi* avait parlé, il avait dit : « *La religion est frustrée de ses* » *droits, renouvellera-t-on les apothéoses ridi-* » *cules et impies de la révolution? Ramenera-* » *t-on le culte décadaire? Nous n'en savons* » *rien,… pas un prélat n'a paru à la chambre* » *des pairs ; voila les prêtres confinés dans leurs* » *églises* * ils n'osent plus se produire.* » Et la fête fut, par les ministres, remise en question.

Le 4, M. Alexandre Delaborde réclame, au nom de l'humanité dont il a été, toute sa vie, le constant apôtre, l'amélioration des hommes de couleur dans les colonies françaises, les ministres répondent à la sollicitude du noble philantrope en lui apprenant « *que le gouvernement* » *y a pensé,… que les ordres sont donnés pour* » *qu'à l'avenir les hommes de couleur soient…* » APPELLÉS MONSIEUR, *pour qu'ils ne soient plus…* » CANTONNÉS DANS LES SPECTACLES ET LES LIEUX » PUBLICS, et qu'enfin, ils puissent.. SE RÉUNIR EN-

---

* Il serait bien dommage qu'ils le fussent.

» TR'EUX SANS LA PERMISSION DE MONSIEUR LE PRO-
» CUREUR DU ROI ! * »

Le 6, les ministres nommaient ambassadeur extraordinaire et ministre plénipotentiaire près S. M. Britannique, l'homme qui en 1814 était allé au congrès de Vienne mendier les bayonnettes étrangères, l'homme à qui, sur tout, la France doit d'avoir vécu sous les règnes de Louis XVIII et de Charles X, l'homme qui jamais ne prit la défense de la patrie et de la liberté que pour trahir la liberté et la patrie, l'homme qui le 26 juillet était encore le grand chambellan de Charles X, le Bourmont des cabinets, le créateur du principe et du mot légitimité, le prince Talleyrand !..... — M. de Talleyrand est envoyé en Angleterre, là où s'est retiré son ancien maître, — sa mission est extraordinaire, — je le crois et le dis : La mission du prince Talleyrand est la négociation de l'acte d'abdication du duc de Bordeaux.

Et cependant ! quelle nécessité de cette négociation ? n'existe-t-il pas un document daté de Paris, du 30 septembre 1820, commençant par ces mots :

« *S. A. R. le duc d'Orléans, déclare* » *par ces présentes qu'il proteste formelle-* » *ment contre le procès-verbal du 29 septem-*

* L'heure n'est-elle pas venue d'abolir l'esclavage dans les colonies ?

» bre, lequel acte prétend établir que l'enfant
» né Henri-Charles Dieu-Donné est le fils légi-
» time de son altesse royale madame la duchesse
» de Berry. »

Et finissant par ceux-ci :

« S. A. R. le duc d'Orléans est convaincu
» que la nation française et tous les souverains
» de l'Europe sentiront toutes les conséquences
» dangereuses d'une fraude si audacieuse et si
» contraire AU PRINCIPE DE LA MONARCHIE HÉRÉDI-
» TAIRE ET LÉGITIME. »

« Déjà la France et l'Europe ont été les vic-
« times de L'USURPATION DE BONAPARTE ; CERTAINE-
« MENT UNE NOUVELLE USURPATION DE LA PART D'UN
« PRÉTENDU HENRI V RAMENERAIT LES MÊMES MAL-
« HEURS SUR LA FRANCE ET L'EUROPE.* »?

Les ministres, dans le discours d'ouverture, ne disaient-ils pas aux chambres : « on
fera porter à votre connaissauce l'acte d'abdication de sa majesté le roi Charles X ; PAR LE
MÊME ACTE S. A. R. Louis-Antoine de France,
Dauphin, RENONCE ÉGALEMENT A SES
DROITS »?

* Ce document a été, le 1er ou le 2 août, inséré dans
quelques-uns de nos journaux, et placardé sur les murs
de Paris.

La mission *extraordinaire* du prince Talleyrand ne se-
rait-elle pas quelque chose de plus infâme que cette négociation? O grands de la terre! quand il s'agit de
vous, tout m'est suspect.

(49)

Le 10, se discutait à la chambre des pairs la loi relative aux PROSCRITS ;—la loi a reçu là tout le dédain et tout le fiel que pouvaient lui jeter les *juges* de Ney; qu'ont fait les ministres pour soutenir leur loi?—« ILS ONT PRIÉ NOS SEIGNEURS « LES PAIRS DE VOULOIR BIEN REMARQUER QUE « LOUIS XVIII, SA CHARTE ET RICHELIEU VOU— « LAIENT QU'ON PARDONNAT !...» Ils ont payé aux pairs le prix de leur vote, ils LEUR ONT DEMANDÉ EXCUSE !

DE RESTE,

J'ai vu les ministres rétablir sur l'écusson royal les fleurs de lys.

Je les ai vus faire enlever des boutons de l'habit de garde national le mot *égalité*, gravé à côté de ces deux autres mots : *liberté, ordre public.*

Je les ai vus, comme s'ils eussent été intéressés dans la question, faire disparaître de la chancellerie de Charles X l'ORDRE DE PORTER LA FLAMME, ET DE RÉORGANISER LES COURS PRÉVOTALES SUR TOUS LES POINTS DE LA FRANCE, L'ORDRE D'ÉTOUFFER PAR LA FORCE DES ARMES TOUTE RÉSISTANCE A L'EXÉCUTION DES ORDONNANCES DU 26 JUILLET, L'ORDRE DE DÉCERNER MANDATS D'ARRÊTS CONTRE LES SIGNATAIRES DE

4

LA PROTESTATION DU MÊME JOUR ; L'ORDRE DE TIRER SANS MÉNAGEMENT SUR LE PEUPLE, tous ordres signés par je ne sais *quel auguste personnage*, et contre-signés *Polignac et Cⁱᵉ*, et mille autres pièces d'où fut sortie toute vivante la preuve de cette vérité que, sous les Bourbons, la cour de France ne fut jamais qu'un antre de brigandage.

Je les ai entendus proclamer à la chambre des pairs, et ailleurs, *que la presse libérale avait étrangement abusé des difficultés dans lesquelles ils s'étaient trouvés... que le tems de l'indulgence était passé.,.»* et provisoirement, donner des ordres pour que les presses de l'imprimerie d'un journal qui avait paru sans leur autorisation; *le moniteur des faubourgs*, FUSSENT BRISÉES... BRISÉES PAR LE MÊME COMMISSAIRE DE POLICE QUI, LE 27 JUILLET, BRISA LES PRESSES DU JOURNAL *le Temps*, ET QUE L'IMPRIMEUR FUT, PAR LES MAGISTRATS MAINTENUS, CONDAMNÉ A DIX MILLE FRANCS D'AMENDE, ET A SIX MOIS DE PRISON. !!

Je les ai entendus débiter à qui voulait les entendre cette maxime de sot, mais qui venait à l'appui de leur système : *« qui n'est pas contre nous est pour nous »* et ces mots tirés des discours d'un Villèle ou d'un Peyronnet : *« le gou=*

vernement fera prévaloir... force restera à LA
LOI *. »

Je les ai vus ordonner que la bayonnette d'un
gendarme mit en lambeaux la proclamation pla-
cardée sur les murs de nos maisons, proclamation où un brave citoyen faisait appel à la population parisienne pour marcher au secours des
belges qu'un autre *bon roi* venait aussi de vouer
à la mort ou à l'esclavage.

Je les ai vus s'opposer à l'entrée, dans la Péninsule, des réfugiés Espagnols et Portugais, et
même ordonner que, par la force s'ils résis-
taient, on les fit rentrer dans l'intérieur de la
France; pour quoi? Je ne sais; peut-être... afin
que désormais les rois d'Espagne et de Portugal voulussent bien ne plus insulter notre drapeau et le laisser flotter librement sur le Tage!**

Je les ai vus maintenir dans l'administration
la presque totalité des fonctionnaires de Charles X, et dans l'instruction publique toute cette
tourbe de prêtres-jésuites dont elle est in-
fectée.

* Il n'y a de loi que celle de Charles X.

* N'est-il pas étrange de voir qu'il importe à des ministres d'un roi-citoyen que don Miguel et Ferdinand VII
fassent couler, *sans être inquiétés*, le sang de *leurs sujets re-
belles*, qu'il leur importe que la Saint-Barthélemy que
projettent dans la Péninsule ces *rois modèles*, de concert
avec le parti-prêtre, ne soit pas prévenue?

Je les ai vus transplanter des préfets de Charles X d'un département à un autre, et seulement pour soustraire ces petits proconsuls à la vindicte de leurs administrés, comme aussi, des abbés proviseurs de tel collège à tel autre. *

Je les ai vus remplacer des fonctionnaires par des hommes inconnus, mais qu'ils savaient être aussi anti-patriotes que ceux qu'ils chassaient, ou sans couleur politique.

Je les ai vus donner places aux neveux, cousins, amis, et connaissances de pairs, de députés et autres personnages qui, tous, avaient accès à l'ancienne cour **.

Je les ai vus publier, sans rougir, que *le milliard* serait surchargé de quelques dixaines de millions *** !

* Je tiens compte aux ministres de leur pudeur. — Le *Moniteur* a souvent annoncé ces translations d'*abbés proviseurs*, sans rappeler le titre *abbés*.

** Les emplois publics, faits vacans par semblant de concession à l'opinion, ont été livrés, je ne crains pas de démenti, à tous hommes qu'eut employés la *restauration*.

*** Sous un gouvernement économe et national, le budjet subirait une réduction de 300 millions au moins, et ce gouvernement aurait commencé par supprimer les JEUX, la LOTERIE, et bien d'autres impôts, sinon aussi immoraux à peu près aussi odieux.

Quand n'aurons plus d'hommes publics à 3, 4, 5 et 6 places salariées ? — Quand plus de places sans fonctions ? — Quand réduira-t-on les émolumens des fonctionnaires? — Quand ne fera-t-on plus *de servir l'état, métier et*

Je les ai vus, pour dire de tout, opiner qu'il fallait que conseiller d'état portât l'habit noir collet
droit sans broderie... et remettre au lendemain
la question vitale et difficile du tricorne et du
chapeau rond.

— Adresser aux employés de leurs ministères
et aux solliciteurs circulaires où ils recomman-
daient à la gent expéditionnaire et solliciteuse,
de les traiter d'*excellences*, le titre *messeigneurs*
leur ayant été révolutionnairement enlevé.

Je les ai vus réorganiser les MENUS PLAISIRS *.

Je les ai vus.... étouffer l'enthousiasme populaire, et partout où ils ont passé, ne laisser
après eux que des montagnes de glace.

Députés,
Ministres et
Pairs.

La marche du gouvernement a mis la France
aux abois. De Dunkerque à Perpignan, de
Brest à Colmar, ce n'est que plaintes, que
murmures, que cris d'indignation; cependant
chacun espère; l'emploi de la force physique
répugne. On attend, mais par là même le ma-
laise ne fait qu'empirer. L'argent a cessé de
circuler, plus d'industrie, plus de commerce;

marchandise ? — Le chapitre de telles questions serait
interminable.

* On eut pu croire que le temps des cours dévorantes
était passé.

chaque jour des faillites par centaines. Nos hommes d'état éludent-ils la question : *État de la France, ruine du commerce?* Éluder une question dans un *règne de capacités?* cela ne se fait pas; et d'ailleurs, n'a-t-on pas à *travailler* les élections dans l'intérêt de *la bonne cause?* Ceci étant, on abordera la question; le mot CLUB est prononcé.... on s'entend....., et vite à la recherche. — On trouva à Paris, rue Montmartre, au manége Pellier, une réunion de plus de *vingt* citoyens, tous ayant combattu dans les grandes journées; ils étaient là qui se demandaient, sans trouble aucun, ce que c'était que la révolution de juillet, où étaient les résultats de leur victoire; — et aussitôt, députés, ministres et pairs, de monter tour à tour à la tribune, et de tenir à la nation française à peu près ce langage de niaise perfidie*.

.« CE QUI JETTE LA PÉRTURBATION DANS L'ORDRE « SOCIAL, CE QUI TUE LE COMMERCE...? — Ce n'est » pas nous, les *révolutionnaires* le diront, ils » prétendront même que notre principe de vie » est dans l'application de ce mot : «*Allarmer* » *pour régner*; » mais non, et M. Mauguin le » tribun a dit grande fausseté quand il a dit

---

* Qu'on se reporte aux séances des chambres où la question dont je viens de parler a été traitée, et on verra que je donne ici au moins le sens des sermons de nos *honorables, excellences et seigneuries.*

» que *le pays tout entier était en guerre avec*
» *l'administration.*

» Ce n'est pas non plus le mouvement des
» associations des saints mystères, du saint sa-
» crément, du sacré-cœur de Jésus, du sacré-
» cœur de Marie, du saint Rosaire, de saint
» Louis de Gonzagues, de saint François Xavier,
» du saint sépulcre, du bon pasteur, de saint
» Joseph, des Capucins, des Verdets, des francs
» régénérés, des amis de la religion et du roi, des
» associations pour la propagation des bons livres
» et de la foi, pour la défense de la religion ca-
» tholique, apostolique et romaine, etc., etc., etc.,
» toutes associations, bien politiques* il est vrai
» en dépit de leurs noms, qui ont leur hiérar-
» chie, leurs points de ralliement, leurs jours de
» réunion, mais qui comptent à leur tête des
» hommes recommandables, des princes de
» Croï et de Hohenlohe, des vicomte de Bo-
» nald, des marquis de Bailly, des Duplessis de
» Grenedan, des Berryer, et qui comptaient,
» alors qu'ils vivaient, des personnages bien au-
» trement recommandables encore, des Tru-
« phémy, des Trestaillons, des Quatretaillons.

« Ce ne sont ni les jésuites ni les gendarmes
« ni certains autres; tous déguisés ou non, ils

---

* Ces associations ne sont que *des parties d'un tout* qui
est la *sainte ligue* qu'aujourd'hui on nomme *congré-*
gation.

« vont jusqu'à assassiner nos gardes nationaux,
« mais ce ne sont pas eux.

« Ce n'est pas davantage l'émigration des no-
« bles du faubourg St.-Germain ; ceux qui ne
« quittent pas le faubourg disent adieu aux
« équipages, aux soirées, aux fêtes, à l'opéra,
« aux Bouffes ; n'ayant pu prendre Paris avec
« les bons gendarmes, les bons Suisses, la bonne
« garde royale, ils voudraient le réduire par
« la famine ; ils vont même jusqu'à acheter
« pain et viande hors barrières ; mais ce ne sont
« pas eux.

« Ce n'est pas non plus l'émigration de ces
« bons, beaux et riches dignitaires d'une Église
« dont le chef a dit : «*Il n'y aura parmi eux ni
« premier ni dernier* « qui tous faisaient, en
« juillet, bonnes prières, aux pieds des autels *de
« celui qui pèse dans la même balance les rois et
« les nations*, à cette fin que les soldats du bon
« roi Charles X fissent de la France un petit ci-
« metière où enfin ils eussent pu, *eux ministres
« d'un dieu de paix et de miséricorde*, règner à
« l'aise.

« Ce n'est pas non plus le refus que font les
« curés de nos villes, bourgs, villages et ha-
» meaux, de chanter le *Domine salvum fac re-
« gem Ludovicum Philippum.*

« Ce ne sont pas non plus toutes ces prédica-
» tions incendiaires, dont retentissent nos églises :
« *Charles X est le seul roi légitime, des* FAC-

« TIEUX *l'ont chassé, Louis-Philippe n'est qu'un*
« USURPATEUR, *et même une* C..... *Frères*
« *n'obéissez pas ! frères ne payez pas ! frères*
« *secouez le joug du* TYRAN ! *frères courez sus !*
« *frères révoltez-vous !* »

« Ce n'est pas davantage la lettre du pair de
« France, comte Florian de Kergorlay, im-
« primée à milliers d'exemplaires, et où se trouve
« ce passage de simple critique : A DÉFAUT D'AU-
« CUN DROIT, *on a allégué en faveur du roi*
« *qu'ont élu les chambres, que lui seul pouvait*
» *sauver la France, je pense au contraire qu'*IL
« ÉTAIT DE TOUS LES FRANÇAIS LE PLUS INCAPABLE
« DE LA SAUVER. *Un de ses ancêtres gouverna*
« *mal la France, mais fut du moins bon pa-*
« *rent et régent fidèle pendant la minorité du*
« *roi enfant dont la vie seule le séparait du*
« *trône ; cet exemple méritait d'être préféré*
« *comme règle de conduite à* DES SOUVENIRS MOINS
« DISTANS. »

« Ce ne sont pas non plus les journaux à la
« solde de Charles X ; chaque jour ces journaux
« font un appel à la guerre civile ; mais ce ne
« sont pas eux.

« Ce ne sont pas non plus les *incendies poli-*
« *tiques* qui de nouveau ravagent nos campa-
« gnes, et avec plus de fureur qu'au temps du
« roi légitime.

« Non, ce n'est pas tout cela.

« Ce ne sont pas mille autres riens de cette
» nature. »

« CE QUI JETTE LA PERTURBATION
» DANS L'ORDRE SOCIAL, CE QUI TUE
» LE COMMERCE? CE SONT... LES CLU-
» BISTES DU MANÉGE PELLIER !

« Ce sont aussi.... CES INDIVIDUS QUI SE SONT
» RÉUNIS POUR RENDRE LES HONNEURS FUNÈBRES AUX
» QUATRE JEUNES SOUS-OFFICIERS DE LA ROCHELLE
» MORTS POUR LA LIBERTÉ EN PLACE DE GRÈVE ! *

« Quant aux millions que réclame le plaintif
« commerce, qu'il s'adresse aux clubistes per-
« turbateurs, cela ne nous regarde pas; c'est
« affaire de lui à eux. »

Et ministres d'ajouter :
« Nous ne sommes ici, nous autres, que
« pour que force reste à la loi de Charles X
« *monarchiquement interprétée;* or, l'art. 291
« du code pénal porte : *Nulle association de*
« *plus de vingt personnes dans le but de se*

---

* Disons mieux :
« Ce sont TOUS CEUX QUI OSENT DIRE QUE LE PEUPLE PARI-
» SIEN A PRIS LES ARMES POUR AUTRE CHOSE QUE L'ORDRE LÉGAL
» DE LA RESTAURATION, POUR AUTRES PERSONNES QUE LES ÉLEC-
» TEURS A CENT ÉCUS et LES ÉLIGIBLES A MILLE FRANCS ! OUI,
» CE SONT... TOUS CES SANS-CULOTTES QUI OSENT PRÉ-
TENDRE QU'IL DOIT Y AVOIR EN FRANCE UN
PEU MOINS DE 32 MILLIONS 940 MILLE ILOTES.

« *réunir tous les jours ou à certains jours mar-*
« *qués pour s'occuper d'objets religieux, litté-*
« *raires, politiques, ou* AUTRES, *ne pourra se*
« *former qu'avec l'agrément du gouvernement*
« *et sous les conditions qu'il plaira à l'autorité*
« *publique d'imposer à la société.* »

   « MM. Hubert et Thierry ayant été les *direc-*
« *teur* et *administrateur* de l'association des
« *Amis du Peuple* seront, pour avoir contre-
« venu à la disposition de cet article 291 du
« code pénal, et comme le veut l'art. 293 du
« même Code, par les magistrats de Charles X
« devenus les nôtres, envoyés en prison pour
« trois mois, outre amende, et MM. Bernard
« et Barthe pour avoir, en leur qualité de pro-
« cureur-général et de procureur du roi (places
« qui, il est vrai, au temps où nous sommes
» encore, ne conviennent guère qu'à des valets),
« refusé de requérir la prison pour les patrio-
« tes, seront destitués ! »

Et ministres, députés et pairs passèrent outre,
et se rattachèrent au timon de l'État.

La réunion du manège Pellier a cessé.... cependant la France gronde plus que jamais....
Plus que jamais les cris de détresse se font entendre.... le président du tribunal de commerce
de Paris, l'un des négocians les plus probes de

la capitale succombe….. Et toute la gent gou-
vernante de répéter en chœur : CE SONT LES
CLUBISTES DU MANÈGE PELLIER ! .

.   .   .   .
.   .   .   .
.   .   .   .
.   .   .   .
.   .   .   .
.   .   .   .
.   .   .   .
.   .   .   .
.   .   .   .
.   .   .   .

C'EST AINSI QU'A ÉTÉ ACCOMPLIE
LA MISSION DU 28 JUILLET !

Je me résume et je conclus : depuis 41 ans,
deux principes, en France, la *souveraineté nationale* et la *souveraineté en la personne d'un roi*
se disputaient le sceptre ; entre ces principes
point de transaction possible ; leur guerre était
une guerre à mort.

Le combat décisif s'est engagé le 28 juillet
1830. La victoire a prononcé ; le principe
qu' *«au peuple seul qui en délègue l'exercice ap-
partient la souveraineté »* est resté maître du
champ de bataille.

Le 29, et alors qu'il ne fallait rien qu'un POUVOIR ORGANISATEUR..... alors qu'il n'y avait qu'à entendre et à respecter la voix du peuple..., des hommes soi-disant députés de la France, eux qui n'avaient pas même été librement élus par cette poignée d'aristocrates payant 300 et 1000 fr. d'impôt, des hommes à qui il était moralement et physiquement impossible, comme privilégiés, de saisir la grande question du 28, des hommes qui loin d'avoir paru dans la mélée n'en avaient pas même été témoins, des hommes sortant de je ne sais où, occupaient la scène politique ! et qu'y faisaient-ils...? ILS PRO-TESTAIENT contre L'ILLÉGALITÉ des or-données patricides !!

Le 31, la France *rentrait en possession de l'ordre et de la liberté dont elle jouissait avant le 26...* et LA *Charte, désormais, était une vérité !*

Le 3 août, la restauration était *renouée !...* depuis elle a marché... je défie qu'on me cite un seul des actes des chambres et du ministère qui ne vienne à l'appui de cette assertion : « *Il n'y a* » *de changé en France qu'une dynastie et sept* » *ministres* *. »

* Le rapièccment de la Charte n'est, envers la nation, qu'une insultante supercherie, et je l'ai prouvé.

Qu'y a-t-il LÀ, et abstraction faite de la nullité radicale dont peuvent être entachés tous les actes du gouvernement, comme pouvoir non émané du peuple ?

Qu'y a-t-il dans le seul fait de la non application du principe de la souveraineté nationale, c'est-à-dire du non recours au peuple ?

OUI, QU'Y A-T-IL ?
. . . .

ET LA GUERRE ÉTRANGÈRE !!

La conduite anti-française des chambres et du ministère empêchera-t-elle les hordes du dehors de se ruer sur la France ? Non sans doute ; le contre-coup du 28 juillet est allé ébranler toute l'Europe, et resserrer la COALITION DES ROIS CONTRE LES PEUPLES, *la sainte alliance*. — A l'heure où je parle le canon se tire à Bruxelles, à Dresde, à Copenhague, à Hambourg, à Cassel, à Brunswick, à Berlin, à Florence, à Lisbonne, à Madrid, partout ; L'EUROPE AUJOURD'HUI N'EST PLUS QU'UN VOLCAN..., LES ROIS ET LES PEUPLES SONT EN PRÉSENCE !

Quel rôle VEUT-ON que joue la France de 1830 dans ce grand drame ? Le rôle que joua la France de 1814... !!! RÉPONDEZ ARBITRES DE NOS DESTINÉES ! RÉPONDEZ MINISTRES ! — RÉPONDEZ ?? Nous sommes sans armée, nos frontières sont à découvert, nos places fortes démantelées, nos arsenaux dégarnis et déserts!.... et que faites-vous sur cette vaste scène où la civilisation est aux prises avec la barbarie? — Vous jettez dans les prisons les patriotes qui se réunissent au-delà du nombre *vingt*!...... Vous saisissez au milieu de nos troubles un CONGRÉGANISTE, et vous écriez : « *C'est un républicain!* »... et même.... on dit que vous protégez le débarquement, sur nos côtes, de fusils qu'adresse au parti contre-révolutionnaire de France, comme il le fit à l'époque de notre premièrerévolution, l'infernal gouvernement anglais, gouvernement près duquel vous avez placé pour sentinelle le cosaque Talleyrand *!... Vous laissez s'organiser dans l'ouest et le midi les bandes catholiques et royalistes!.... Que ne faites-vous pas?... — VOUS FAITES TOUT CE QUE FERAIENT DES LIEUTENANS DE CHARLES X !.... RÉPONDEZ ! et vous aussi, députés et pairs, VOUS TOUS! vous devez compte à la nation, RÉPONDEZ, RÉPONDEZ.

Ah! qu'elles viennent donc les hordes de la *sainte-alliance*! qu'elles viennent! elles apprendront que depuis 1814 JUSQU'A CE JOUR, il n'y a

* Il était au milieu des *alliés* lors de leur entrée dans Paris en 1815.

eu, en France, rien de commun entre les gouvernans et les gouvernés!.. Qu'elles viennent! qu'avec elles apparaissent les soldats de la congrégation! que la lutte du génie de la servitude avec le génie de la liberté s'engage donc une fois pour toutes.... ET POUR JAMAIS LE MONDE EST LIBRE!

CE QU'IL FAUT ? TABLE RASE.

Que Louis-Philippe rejette au loin tout ce qui l'entoure.

Qu'appuyé sur des hommes avoués de la France régénérée, le soldat de Jemmapes LÈVE UNE ARMÉE FORMIDABLE qui en impose à la *sainte-alliance* et à la *congrégation* *.

Qu'il peuple l'administration d'hommes purs et désintéressés, de vrais patriotes et capables.

Et puis, qu'il CONVOQUE LE PEUPLE SOUVERAIN, qu'il provoque une ASSEMBLÉE CONSTITUANTE.

Et Louis-Philippe sera digne de rester le chef de la grande nation !

* L'attitude seule de notre armée secondera les nations contre les tyrans qui les oppriment.

— Que ne peut-on pas avec la France...?

Les bases de la convocation ne sont pas à créer ; elles existent ; elles sont dans la constitution de 1791.

Hors de la marche que j'indique, je n'aperçois que catastrophes.

Qu'est-ce encore.

J'ai fini ; et pourtant.... une pensée me poigne, dont il me faudrat me débarrasser ; je n'examine pas le péril, il m'importe peu ; j'appartiens à mon pays d'âme, de corps et de fortune, mais... comment dire ?

Quoique bien invraisemblable, serait-il vrai . . . . ?

Il est, du moins, des faits constans.

C'est que des négociations de paix ont été entamées, après les massacres du 28 juillet, entre des députés et pairs d'une part, et Charles X de l'autre.

C'est que le 1er août Charles X, approuvant la réunion des chambres au 3, maintenait le duc d'Orléans dans la lieutenance-générale du royaume.

C'est que le lendemain 2, en même temps qu'il abdiquait pour lui et son fils en faveur du duc de Bordeaux, Charles X instituait le duc d'Orléans régent du nouveau roi.

. . . .
. . . .
. . . .
. . . .
. . . .
. . . .
. . . .
. . . .
. . . .
. . . .
. . . .
. . . .
. . . .
. . . . , ...
. . . .
. . . .
. . . .
. . . . , ...
. . . .
. . . .
. . . .

C'est qu'on ne voit pas pourquoi la nation qu'on croit ou qu'on sait disposée à reconnaître le duc d'Orléans pour son chef, n'est pas appelée à le faire.

Le règne de Charles X et des siens est passé! Les Tuileries, inhabitées qu'elles sont..., semblent les attendre... Mais malheur à eux, si jamais ils remettent le pied sur le sol français...! Nos calamités de 40 ans, c'est à eux que nous les devons... Ce sont des assassins...! L'échafaud les attend!

Malheur à qui trompe tout un peuple!

On espère en nos divisions; qu'on se désabuse. Il n'y a pas de divisions réelles parmi nous. La France entière a pour devise : *liberté*, *égalité*, *patrie!* — PATRIE! PATRIE! entendez-vous soldats de la sainte-alliance.....? PATRIE!! PATRIE!! avant tout PATRIE!! cette devise, qu'un lâche seul repoussera, est le gage de notre victoire au-dedans et au-dehors.

La nation qui a frappé d'anathème et laissé périr sous ses yeux le premier capitaine du monde, l'homme-dieu, Bonaparte, ne prendra les armes pour aucun homme que ce soit; elle ne les prendra pas surtout pour l'élève d'un Tharin et d'un Damas *; elle ne les prendra

* Le duc de Bordeaux.

pas pour l'élève du *grand prévot de l'Europe*, de l'Autrichien Metternick.*

Le peuple dort; mais c'est le sommeil du lion; gare le réveil!!

Au peuple! au peuple! qu'il parle! IL N'Y A DE MAITRE QUE LUI.IMPÉRIALE

* Le roi de Rome.

FIN.